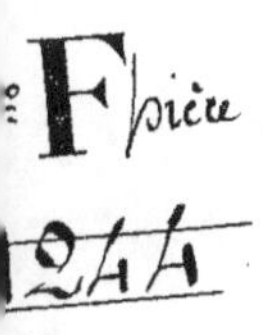

LES INSTITUTIONS PRIMITIVES

LE LÉVIRAT

ET

LES ORIGINES DE LA FAMILLE

PAR

JACQUES FLACH

Professeur d'histoire des législations comparées au Collège de France,
Professeur à l'École des Sciences politiques.

PARIS

ANCIENNE LIBRAIRIE GERMER BAILLIÈRE ET Cie

FÉLIX ALCAN, ÉDITEUR

108, BOULEVARD SAINT-GERMAIN. 108

1900

(Extrait des *Annales des Sciences politiques*, mai 1900.)

LES INSTITUTIONS PRIMITIVES

LE LÉVIRAT

ET

LES ORIGINES DE LA FAMILLE

PAR

JACQUES FLACH

Professeur d'histoire des législations comparées au Collège de France,
Professeur à l'École des Sciences politiques.

PARIS

ANCIENNE LIBRAIRIE GERMER BAILLIÈRE ET Cⁱᵉ

FÉLIX ALCAN, ÉDITEUR

108, BOULEVARD SAINT-GERMAIN, 108

1900

LE LÉVIRAT

ET

LES ORIGINES DE LA FAMILLE

Il est peu de sciences qui aient eu une fortune plus rapide que l'histoire des législations comparées. Il y a cinquante ans, elle existait à peine. L'étude des lois se renfermait dans les limites de chaque pays et, si elle appelait l'histoire à son aide, c'était dans le but presque exclusif d'éclairer la législation régnante. Voici que tout a changé de face. Non seulement l'histoire des législations comparées est devenue une maîtresse branche de la science du droit, mais de toutes parts des sciences limitrophes empiètent sur elle. L'histoire proprement dite cherche sa base la plus solide dans l'étude des institutions anciennes. La sociologie prétend reconstituer dans le passé et entrevoir dans l'avenir la vie des sociétés humaines. Tous deux, historiens et sociologues, font ainsi, qu'ils s'en doutent ou non, de l'histoire du droit comparé.

Nous en plaindrons-nous? Loin de là. La science vit avant tout de collaboration, quelle que soit la bannière sous laquelle chacun s'enrôle, combat ou travaille. Mais du moins avons-nous le droit et le devoir de veiller sur notre police intérieure, de ne pas laisser introduire dans notre domaine des procédés et des systèmes qui lui deviendraient funestes. Fouillez avec ardeur les mœurs et les institutions coutumières de tous les peuples du globe, mais faites-le avec la méthode rigoureuse qui leur est propre et qui seule peut conduire à la vérité scientifique.

Cette méthode faut-il la définir? Elle repose tout entière sur l'observation directe des faits sociaux et des lois positives qui en naissent. Elle procède, suivant les cas, par analyse ou par synthèse;

elle remonte aux principes des lois et des coutumes, à l'aide de leurs dispositions particulières, ou bien elle déduit ces dernières des principes exprimés ou tacites, mais elle ne raisonne jamais *à priori* et elle n'étend pas au-delà de leur portée légitime et normale les données que l'étude critique des sources lui fournit.

L'application rigoureuse de cette méthode était d'autant plus nécessaire à qui s'aventurait dans le vaste champ des institutions primitives de l'humanité, qu'elle y devenait plus délicate. Pour l'avoir mise en oubli, que de divergences et que de confusions!

Deux grands courants se laissent discerner : le courant proprement sociologique et le courant ethnologo-juridique.

Le premier a sa source dans la pensée philosophique d'Auguste Comte, que la science de la société est le couronnement de la science de la vie et que son principe fondamental est l'évolution. Mais des déviations nombreuses se sont produites. Tandis qu'Auguste Comte avait réservé à la sociologie son indépendance scientifique et conclu qu'il était impossible de tirer des lois biologiques, par voie de déduction, les lois sociologiques, qu'il fallait les observer directement dans les sociétés, les sociologues de la nouvelle école ont rompu toutes les barrières qui séparaient soit la biologie soit l'anthropologie de la sociologie. Du moment que l'humanité évolue, s'est-on dit, elle doit traverser des phases nécessaires, et comme l'être humain est un primate d'une constitution toujours la même, si nous observons ces phases chez des peuples placés aux divers échelons de barbarie et de civilisation, nous serons mis à même d'en reconstituer la succession logique pour l'humanité entière. Ainsi ont pris naissance les systèmes historiques de Morgan, de Mac Lennan et de beaucoup d'autres qui ont suivi. Tous ont cru découvrir des phases régulières, mais ils n'ont pu se mettre d'accord ni sur leur enchaînement, ni sur leur caractère ou leur nature.

Il n'était pas difficile d'objecter que les êtres peuvent évoluer de façon fort différente, suivant les milieux, et que précisément ils se transforment en variétés très dissemblables, en races, par l'adaptation à ces milieux. Aussi une réaction est-elle venue du point de vue darwinien de la sélection naturelle, de la survie du mieux doué ou de la forme la plus parfaitement adéquate : on a contesté la série fatale de phases identiques et M. Westermarck notamment s'est appliqué à découvrir des points fixes, des îlots, sur cet océan sans rives où les sociologues s'étaient lancés à corps perdu. L'effort était louable; la méthode est restée défectueuse. Le point fixe devait être un groupe de phénomènes sociaux formant un tout organique pour l'espèce humaine, comme les phénomènes de la vie animale (nutrition, reproduction, etc.) en constituent un pour l'être individuel, et c'est l'un de ces groupes — le mariage — que M. Westermarck a prétendu étudier à part.

Nous revenons ainsi à la confusion de la biologie et de la sociologie. Elle atteint son point culminant dans la théorie de M. Herbert Spencer et de ses disciples. La société n'est pas seulement assimilée à un corps vivant, elle est *identifiée* avec un être animé, ayant ses tissus, ses muscles, ses nerfs, son âme enfin. Les lois des phénomènes sociaux ne font qu'un avec les lois évolutives de la vie organique.

Que la science des sociétés humaines aboutisse un jour à cette conclusion, je ne le sais, ni le puis savoir. Mais actuellement elle est encore dans l'enfance, elle bégaie à peine et vous voulez lui demander une réponse nette, tranchante, définitive. Qu'arrive-t-il alors? Les mœurs, les coutumes, les institutions ne sont plus pour vous qu'une mine d'où vous tirez vos matériaux frustes. Vous les taillez, façonnez, polissez, vous les pliez à votre système préconçu, vous leur assignez par avance leur place dans l'édifice dont vous avez dessiné le plan, posé les assises, dressé la charpente. C'est une nouvelle Babel que vous construisez et que menace déjà la confusion des langues.

Les jurisconsultes n'ont pas résisté à l'entraînement de ces doctrines autant qu'il l'aurait fallu. Beaucoup s'y sont abandonnés, les plus sages se sont laissé influencer par elles, alors même qu'ils prétendaient créer une science distincte telle que l'anthropologie ou l'ethnologie juridique. Le promoteur de celle-ci, le regretté M. Post[1], a fort bien aperçu qu'elle se rattachait étroitement à l'histoire des législations comparées, mais au lieu d'y voir une branche de cette science il lui a attribué une existence indépendante. Ce qui les distinguerait, c'est que l'une s'en tiendrait aux origines des institutions sociales de groupes déterminés de peuples, tandis que l'ethnologie juridique rechercherait surtout les origines des mœurs et des usages communs à l'humanité tout entière[2].

---

1. Il serait injuste de ne pas associer à ce nom celui de M. J. Kohler, dont je me plais à reconnaître l'activité infatigable et féconde dans le domaine des institutions primitives.

2. H. Post, *Grundriss der ethnologischen Jurisprudenz* (Oldenburg, 1894), I, p. 7.

Je considère qu'ainsi comprise l'ethnologie juridique ne serai tpas un progrès, mais un recul; elle nous ramènerait à la conception d'un droit de la nature, indépendant de toute influence de race, de climat, de genre de vie, etc. Certes je n'entends nullement qu'il ne puisse y avoir une formation et un développement identiques d'institutions chez les peuples les plus étrangers les uns aux autres, et c'est pourquoi je ne vois aucune raison de limiter les conclusions de l'histoire des législations comparées à des groupes ethniques. Mais cette identité, à mes yeux, n'est ni absolue ni fixe, elle est relative et variable; elle se produit chaque fois que les conditions générales et particulières de la vie sont semblables ou équivalentes et dans la mesure où elles le sont. Il est donc impossible de considérer les mœurs et les usages hors de leur milieu et de leur époque, de procéder par une autre méthode que celle que j'ai définie plus haut, sauf à l'adapter à la nature spéciale de telles recherches.

Je crois pouvoir juger des résultats qu'elle est susceptible de donner, car voici plus de sept ans que je l'applique aux institutions primitives dans mon enseignement du Collège de France, en étudiant les peuples primitifs ou sauvages, région par région, race par race, époque par époque, pour recueillir les éléments d'une synthèse faite non plus *à priori*, mais *à posteriori*. Deux points me semblent essentiels : soumettre les documents aux règles rigoureuses de la critique des sources historiques, envisager les mœurs et les coutumes à la fois du côté externe ou économique et du côté interne ou psychique. De la sorte on se garde de l'écueil contre lequel les économistes et les psychologues ont achoppé; on réussit à dégager le noyau vivace des institutions, sans l'étouffer ou le déformer dans des systématisations arbitraires et douteuses.

Voici, par exemple, deux économistes, M. Hildebrand[1] et M. Grosse[2]. Ils partent de l'idée que les institutions de toute nature sont dans une dépendance étroite et absolue du régime économique. Que font-ils alors? Ils retombent dans l'ornière des phases évolutives. Suivant M. Hildebrand, l'humanité aurait passé par des phases économiques strictement délimitées et partout les mêmes : état de chasse, état pastoral, état agricole, etc., et à chacun de ces états correspondraient nécessairement des institutions semblables, une

1. R. Hildebrand, *Recht und Sitte auf den verschiedenen wirthschaftlichen Kulturstufen*, I Th., Iéna, 1896.
2. E. Grosse, *Die Formen der Familie und die Formen der Wirthschaft*, Fribourg, B., 1896.

sorte de monogamie à l'état de chasse, la polyandrie à l'état pastoral, la polygamie à l'état agricole, etc. M. Grosse n'admet pas une succession aussi régulière, mais il croit pouvoir discerner trois types de famille (ménage, famille étendue, clan) symétrique chacun à une phase économique.

Tandis que les économistes dont je viens de parler négligent l'élément psychique, les historiens des religions et les mythologues, parmi lesquels on peut classer Bachofen, s'attachent de préférence à cet élément, tout en rompant fort sagement avec la méthode de M. Max Muller, qui prétendait reconstituer l'état mental des Aryens avant leur séparation, à l'aide du seul langage. Disciples, au fond, de l'évolutionnisme spencerien, ils en cherchent le point de départ et la clef dans des concepts individuels, alors que c'est la psychologie sociale, les rapports psychiques des individus entre eux et avec le monde ambiant, qu'il faudrait mettre en lumière.

En attendant que je publie les résultats généraux auxquels mes travaux personnels m'ont conduit, je voudrais faire l'application à un sujet spécial de l'un des principes qui m'ont guidé, celui qui consiste à replacer les institutions dans leur milieu *intellectuel*, à ne pas attribuer aux primitifs des idées, si simples fussent-elles, qu'ils ont pu ne pas avoir et à ne pas rejeter comme choquant la raison des idées qu'ils ont eues. Nul sujet ne se prête mieux à la vérification de ce principe que le lévirat. Il a en outre l'avantage de se placer au cœur même des grandes hypothèses imaginées sur l'origine des sociétés humaines, parce qu'il soulève cette question capitale : la famille primitive était-elle fondée sur la parenté par le sang? Si oui, quelle pouvait être cette parenté? Si non, quelle était sa base?

I

Le lévirat est une institution bien connue et souvent décrite. On l'a cru longtemps spéciale aux Juifs[1], mais l'ethnologie moderne l'a

---

1. *Deutéronome*, ch. xxv, v. 5-10. — Ce texte nous présentant un des types les plus anciens et les plus complets du lévirat, il m'a paru utile d'en donner une traduction *littérale*. Je la dois surtout à l'obligeance d'un savant hébraïsant, mon ami M. Auguste Carrière. Je l'ai précisée à l'aide de la version allemande de Kautzsch (Fribourg, 1894), qui jouit, à bon droit, d'une grande autorité scientifique :

« 5. Quand des frères habiteront ensemble et que l'un mourra sans laisser de fils, la femme du mort ne devra pas se marier au dehors à un étranger;

retrouvée un peu partout, en Afrique comme chez les Ossètes, chez les Hindous comme à Madagascar. Il faut toutefois prendre garde que trois éléments entrent dans sa composition : 1° le droit d'épouser, 2° le devoir d'épouser, 3° l'attribution de l'enfant au défunt. Leur réunion est indispensable pour qu'il y ait un véritable lévirat, et c'est à tort qu'on a cru le reconnaître chez les peuples où l'une de ces conditions manquait, où ne se rencontrait notamment que le droit fort répandu d'hériter de la veuve en même temps que des biens.

Cela posé, quelle est l'explication qu'on a donnée du lévirat et quel parti en a-t-on tiré?

Sa clef a été cherchée dans une triple direction. Les uns y ont vu une fiction légale de paternité, les autres une survivance, un vestige de promiscuité ou de polyandrie, d'autres enfin, un simple dérivé du pouvoir domestique.

I. — Le premier de ces points de vue est celui de la vieille école du *patriarcat* que M. Sumner Maine a ravivée et dont il est devenu le coryphée le plus éclatant. La paternité physique, nous affirme-t-on, est la base originelle de toute société humaine; c'est elle qui donne naissance au pouvoir du chef de famille ou de clan, et plus tard au culte des ancêtres. C'est donc de la consanguinité qu'il faut partir. « Elle est le lien le plus antique des communautés humaines [1] », et elle l'est « parce qu'elle saute aux yeux de tous [2] ». Elle le reste jusqu'au jour où le groupement territorial vient en prendre la place [3]. Toute extension de la famille naturelle devait donc se faire par voie d'assimilation. L'étranger y était agrégé grâce à une filiation fictive,

---

son beau-frère cohabitera avec elle, la prendra pour femme et fera le beau-frère.

6. Le premier né qu'elle mettra au monde sera attribué au frère défunt, pour que son nom (descendance) ne soit point éteint en Israël.

7. Et si cet homme ne veut point épouser sa belle-sœur, celle-ci se rendra à la porte (place publique) auprès des Anciens et dira : Mon beau-frère refuse de relever le nom (descendance) de son frère en Israël; il ne veut pas faire le beau-frère avec moi.

8. Les anciens de sa ville l'appelleront et lui parleront; et s'il persiste et dit : Je ne veux pas l'épouser (la prendre);

9. Alors sa belle-sœur s'approchera de lui devant les anciens; elle lui enlèvera du pied sa chaussure et lui crachera au visage en disant : « Qu'ainsi soit traité l'homme qui ne veut point édifier la maison de son frère. »

10. Et que son nom (descendance) soit appelé désormais en Israël la maison (famille) du déchaussé. »

1. Sumner Maine, *Études sur l'histoire des institutions primitives*, ch. III. La parenté considérée comme fondement des sociétés, p. 81 (éd. fr. 1880).

2. *Ibid.*, p. 91.

3. « Dès l'instant où une tribu se fixe à demeure et définitivement sur une étendue donnée de territoire, la terre, le sol, remplace la parenté comme fondement de l'organisation sociale. »

et c'est ainsi que l'adoption aurait, suivant M. Sumner Maine, joué un rôle capital dans la formation des sociétés[1]. Le lévirat ne serait autre chose qu'une sorte d'adoption posthume opérée en vertu de la coutume, dans l'intérêt du défunt et de la continuité de la famille[2].

Cette théorie repose tout entière sur deux affirmations, qui peuvent être exactes pour l'état social déjà fort avancé que nous font connaître les livres sacrés de l'Inde, mais qui ne sont rien moins que prouvées pour des sociétés vraiment primitives : la prévalence de la paternité physique, l'usage courant de fictions légales. Sans attacher à l'incertitude de paternité l'importance que les partisans du matriarcat lui prêtent, encore ne peut-elle être négligée, et d'autre part, M. Sumner Maine reconnaît lui-même que la parenté par le sang constituait en somme « un fondement vicieux, à cause de la difficulté qu'éprouve une intelligence bornée à saisir l'ensemble des personnes rattachées à une autre par les liens du sang[3] ». On peut ajouter que, même dans les textes de l'antiquité classique, la consanguinité apparaît comme un élément social plus récent que le groupement matériel autour d'un foyer commun. Chez les Grecs, le pénate ἑρκεῖος qui se transforma en Ζεὺς ἑρκεῖος est la première divinité familiale[4], plus ancienne dès lors que Ζεὺς σύναιμος[5]. Mais l'objection décisive je la développerai tout à l'heure; elle réside dans l'absence de toute preuve, de toute vraisemblance même, que la paternité ait été le lien initial entre les hommes, aux yeux desquels se déroba longtemps, sans aucun doute, le mystère de la procréation.

Je vais plus loin et je dis que la parenté par le sang eût-elle été la base des premières sociétés, cette base n'aurait pu s'élargir que bien tardivement à l'aide de fictions légales.

C'est une grave erreur, comme le montre l'observation des peuples barbares les plus divers, de prendre pour des *fictions*, pour des concepts chimériques auxquels le sauvage ne croit pas, une foule

---

1. « Une des premières fictions légales et des plus employées était celle qui permettait de créer artificiellement des relations de famille et je crois qu'il n'en est aucune à laquelle le genre humain doive une plus profonde reconnaissance. Si elle n'avait pas existé, je ne vois pas comment un groupe *primitif...* en aurait absorbé un autre. » (*L'Ancien droit*, trad. Courcelle-Seneuil, 1874, p. 123.)

2. Voyez notamment Sumner Maine, *Etudes sur l'ancien droit et la coutume primitive* (éd. fr., 1884), p. 138 et suiv.

3. *Etudes sur l'hist. des instit. primitives*, p. 88.

4. C'est l'opinion de M. Fustel de Coulanges (*Cité antique*, p. 70-71) pour lequel le culte du foyer a groupé les hommes bien avant la parenté par le sang.

5. Cf. Sophocle, *Antigone*, v. 485 et 656-57.

d'idées essentiellement concrètes. Il n'en va pas autrement ici que des légendes et des contes populaires. Comme l'enfant ou l'homme du peuple, le sauvage croit que « cela est arrivé »; ce sont pour lui des « histoires vraies », et j'en pourrais dire autant, soit du symbole, soit du langage figuré, qui n'ont rien à voir dans le principe avec l'imagination poétique. Si donc la consanguinité avait été le lien familial ou social, aucune fiction, aucune vaine apparence n'aurait pu créer un parent, mais seuls des actes jugés équivalents à la procréation ordinaire eussent élargi le cercle de la famille. Or, de tels actes sont loin de la pensée de M. Sumner Maine et de son école. La plupart des fictions dont il parle non seulement ne se prêtent pas à la possibilité d'une paternité physique, mais l'excluent. Un étranger adopté ou acheté, le fils clandestin d'une fiancée, ne peuvent évidemment être regardés comme des descendants putatifs du chef de famille. Toute la fiction revient donc à une affiliation purement juridique. Mais une telle affiliation n'ayant pas son principe dans la consanguinité réelle supposait nécessairement une raison d'être spéciale. Et, en effet, M. Sumner Maine lui assigne pour principe le droit du protecteur, pouvoir analogue à celui du maître sur l'esclave et qui de la mère asservie se serait étendu à l'enfant[1]. La combinaison de ce principe avec celui de la parenté naturelle, voilà ce que les primitifs, subtils comme des légistes anglais, auraient réalisé à l'aide d'une *fiction légale*! Je n'ai pas besoin d'insister sur l'évidence de cet anachronisme juridique, mais je me demande ce qui subsiste de la prévalence de la parenté par le sang et en quoi finalement cette théorie se différencie de celle qui, nous le verrons, rattache le lévirat au pouvoir domestique.

II. — Du terrain de la fiction légale, les théoriciens qui tiennent pour l'existence, à divers degrés, d'une promiscuité primitive du genre humain, prétendent ramener le lévirat sur le terrain des réalités historiques. Ils y voient un prolongement ou une survivance partielle, soit de la polyandrie fraternelle (Mac Lennan)[2], soit du mariage par groupe (Morgan)[3]. Se sont-ils bien rendu compte à quel point est fallacieux ce rapprochement? Séduisant à première vue, il se dérobe sitôt qu'on essaie de le serrer de près. En effet, de deux choses l'une : ou bien les époux multiples du groupe polyandre sont

1. *Etudes sur l'ancien droit et la coutume primitive*, p. 136.
2. Page suiv., note 1.
3. Giraud Teulon, *Les origines du mariage et de la famille*, Genève, 1884. p. 435-436. Kovalewsky, *Coutume contemporaine et loi ancienne*, Paris, 1893, p. 181, etc.

considérés chacun comme le père de chaque enfant, et dans ce cas il est inexplicable que cette paternité ait pu se continuer au profit des morts, à l'exclusion des vivants ; ou bien les enfants sont attribués à un seul, au chef du groupe, et alors on ne comprend pas davantage que ce chef venant à mourir et à être remplacé par un autre, ce ne soit pas son successeur qui dorénavant devienne le père légal des enfants procréés en commun.

Nous avons donc affaire à un pur mirage historique. Rien ne le prouvera mieux qu'une discussion rapide de l'un de ces systèmes, celui qui me paraît de beaucoup le plus habilement conçu et échafaudé, le système de M. Mac Lennan. Le lévirat y tient une grande place et malgré cela rien n'est flottant, ondoyant et vague comme la figure sous laquelle M. Mac Lennan nous le représente [1].

M. Mac Lennan a commencé par admettre que le lévirat, obligation d'épouser la belle-sœur, était la contre-partie du droit de succéder au frère, droit qu'il dérivait de la polyandrie. Plus tard il s'est aperçu que ces deux institutions s'excluaient, le devoir du lévir d'épouser la veuve en vue de susciter des héritiers au frère mort anéantissant son droit de succession. Il en a conclu qu'elles appartiennent à des époques différentes. Au *droit* primitif d'épouser la belle-sœur se seraient substitués, sous la forme du lévirat, le *devoir* d'épouser et l'attribution des enfants au premier mari. Et d'où ces deux éléments essentiels du lévirat auraient-ils tiré leur source ? Toujours de la polyandrie.

Les frères, nous dit-on, ont eu dans le principe une seule femme en commun ; puis, avec la multiplicité des épouses, le droit de l'un sur la femme de l'autre a fini par se réduire au droit de l'épouser quand elle devenait veuve. Mais, en même temps, la belle-sœur acquérait un droit correspondant sur son beau-frère, qui était pour elle un époux en réserve « a husband in reserve ». — Remarquez que tout ce tableau est purement conjectural. Loin que la polyandrie primitive soit une vérité acquise, c'est précisément de l'existence

---

1. Le premier exposé de sa doctrine se trouve dans *Primitive Mariage*, chap. VIII (1865), réimprimé dans les *Studies in ancient History* (1876 et 1886). Mais entre temps les vues de l'auteur s'étaient modifiées, comme il apparaît par l'article *The Levirate and Polyandry* publié en 1877 dans la *Fortnightly Review*, par les chapitres XVI et XVII de *Patriarchal Theory* (1885) et enfin par la longue note de la 2ᵉ édition des *Studies*, p. 109 et suiv. M. Mac Lennan avait le dessein de reprendre le sujet et de l'approfondir dans une 2ᵉ série des *Studies* où devait trouver place, après remaniement, son article de 1877. Ce dessein, hélas ! a été traversé par la mort et je n'en trouve pas trace dans le volume posthume publié par sa veuve et M. A. Platt, sous le titre de 2ᵉ série des *Studies* (Londres, 1896).

du lévirat que M. Mac Lennan prétend la déduire. Nous tournons dans un cercle vicieux : la polyandrie doit rendre compte du lévirat, le lévirat doit se porter caution de l'existence de la polyandrie. Prenons pourtant l'hypothèse en soi; elle semble bien fragile. Je conçois à la rigueur que le droit d'épouser ait pu dériver d'une polyandrie antécédente, mais que, sous une pareille forme de mariage, la femme ait eu sur chacun de ses époux un *droit* assez énergique pour qu'il ait pu donner naissance à l'obligation stricte du beau-frère d'épouser sa belle-sœur, voilà qui me semble passer toute créance.

A la suite du devoir d'épouser serait venue l'attribution des enfants au mari défunt par l'application posthume — dans l'intérêt de ces enfants — des règles de la polyandrie. D'après ces règles, en effet, les enfants procréés en commun auraient eu pour seul père reconnu l'aîné des frères, chef du groupe polyandre, celui-ci seul ayant contracté un mariage, et ses frères cadets n'étant que ses associés et ses subordonnés. C'est cet état de droit que le lévirat aurait prolongé au delà de la mort du chef de groupe.

Les objections se pressent de nouveau. Et d'abord, si dans le Thibet on a trouvé de nos jours une polyandrie fraternelle organisée à peu près ainsi, du vivant de tous les frères, rien n'autorise à généraliser ce type et à l'étendre après la mort du chef. Au Thibet même, a-t-on rencontré, soit le lévirat, soit quelque forme intermédiaire qui le prépare? En aucune façon. Autres inconséquences : M. Mac Lennan repousse, à juste titre, toute idée de fiction légale, or ce n'est que par une fiction de survie qu'on peut concevoir la paternité posthume qu'il admet. De la circonstance que l'aîné a tout d'abord *épousé* seul il n'y a rien à conclure, puisqu'elle est la simple conséquence de son âge ou de sa force, et non la source de son autorité [1]. Après sa mort donc, elle tombe pour faire place à l'avènement d'un frère plus jeune, lequel succède à ses droits et ses prérogatives. Cela est si vrai que Mac Lennan lui-même paraît l'avoir senti. Pour renforcer son argumentation il a soutenu que les maris subséquents continuent à ne pas être de véritables *époux*. Mais c'est là une affirmation gratuite qui confond le lévirat avec le niyoga et que contredit

1. Turner dit simplement que l'aîné a le choix de l'épouse commune (*An account of an embassy... in Tibet*, Londres 1880, p. 348) : « The choice of a wife is the privilege of the elder brother ». — Moorcraft nous montre où gît le principe de l'autorité du chef de groupe et combien elle est absolue : « The younger brothers have no authority; they wait upon the elder as his servants, and can be turned out of doors at his pleasure, without it being incumbent upon him to provide for them » (Moorcraft and Trebek, *Travels in the Himalayan Provinces*, Londres, 1841, I, p. 320).

en fait la polyandrie thibétaine. Moorcraft nous apprend expressément qu'à la mort de l'aîné, le frère qui le suit par l'âge hérite ses biens, son autorité et sa veuve [1].

III. — Passons maintenant aux explications les plus récentes du lévirat, celles qui le font rentrer dans la sphère d'action de l'autorité domestique. Le partisan le plus décidé de cette idée, M. Starcke, ramène le problème tout entier à une seule donnée essentielle : la *possibilité* du lévirat. Comment a-t-on *pu* attribuer les enfants du levir à un père fictif? Telle est pour lui la question capitale; et il répond : La raison est simple; on ne se préoccupait pas de savoir qui avait engendré, la parenté par le sang étant indifférente, mais qui devait être propriétaire de l'enfant, en vertu du pouvoir domestique [2].

Voilà, ce me semble, une clef qui brouille la serrure au lieu de l'ouvrir. Si, en effet, une question de propriété est seule en jeu, pourquoi l'enfant du levir est-il censé *procréé* par le défunt? et pourquoi est-il attribué à un autre que le propriétaire actuel de la mère, à un autre que le levir lui-même?

M. Starcke prend aisément son parti de la première objection. Elle soulève un problème qu'il juge oiseux de se poser puisqu'il le déclare totalement insoluble : « Jamais, dit-il, des idées réfléchies sur le phénomène réel de la génération pas plus que des rapports quelconques reposant sur ce phénomène n'arriveront à expliquer comment on considère le mort comme le père réel de l'enfant » [3]. Quant à l'interversion, que produit le lévirat, des rôles du mari mort et du mari vivant, celui-ci traité comme un collatéral, l'autre comme chef de famille, M. Starcke se rallie, en désespoir de cause, aux idées de M. Sumner Maine sur le culte des ancêtres et de M. Herbert Spencer sur la protection. J'avais déjà signalé des points de contact certains entre la théorie du patriarcat et celle du pouvoir domestique; ils apparaissent ici plus nettement encore. J'indique ce qu'a d'original et de spécieux le système de M. Spencer.

Sous le régime du matriarcat, nous dit-il, ce sont les frères de la mère qui protègent ses enfants, ce sont eux qui leur tiennent lieu de père, eux encore qui directement en héritent, et leur transmettent

---

1. « On the death of the eldest brother, his property, authority and widow devolve upon his next brother » (*op. cit.*, I, p. 321).

2. « Si l'on *peut* susciter ainsi des enfants à un mort,... c'est... parce que la paternité repose non pas sur le fait matériel de la génération, mais sur le *rapport de propriété* établi entre le père prétendu et l'enfant. Ainsi s'explique la *possibilité* du lévirat » (Starcke, *La famille primitive*, Paris, 1891, p. 153).

3. *Op. cit.*, p. 148.

leurs biens. Ce régime, progressivement, cède le pas à un autre où l'enfant est rattaché non plus à la mère, mais au père, où il hérite dès lors de celui-ci, en excluant ses oncles [1]. Toutefois le devoir de protection de ces derniers [2] continue à survivre, même à leur détriment, tant et si bien que le chef de famille venant à mourir sans laisser de fils, on oblige son frère à lui susciter un héritier de son nom qui recueille sa succession. Étrange extension d'un prétendu devoir de protection des oncles! Ils auraient dû *procréer des neveux* pour avoir quelqu'un à protéger! Et puis subsiste toujours l'objection primordiale : Comment a-t-on pu prendre pour le fils véritable du mari prédécédé le fils du levir? M. Herbert Spencer, pas plus que M. Starcke, ne dévoile le mystère.

II

L'exposé critique des principales théories qui sont écloses autour du lévirat a mis, je l'espère, en évidence non seulement les aspects saillants, mais les délicates nuances dont est faite l'histoire de cette énigmatique institution. Efforçons-nous maintenant de reconstituer la trame de cette histoire, telle qu'elle ressort de l'enchaînement des idées et des faits sociaux.

I. *La procréation pour autrui.* — Le lévirat, considéré dans ses traits essentiels, se ramène en définitive à une *procréation obligatoire pour le compte d'autrui.* Veut-on mettre son origine dans son vrai jour, il est donc tout indiqué de placer en regard les modes analogues de procréation que nous offre l'observation des institutions primitives. C'est là ce qui justifie la recherche des rapports existant entre le lévirat et le niyoga de l'Inde. J'estime pourtant qu'on s'est attaché d'une façon trop exclusive à cette dernière institution, et trop peu préoccupé de dégager le noyau primitif des éléments adventices qui s'y sont réunis.

Le mode de procréation pour autrui que je n'hésite pas à considérer comme le plus archaïque est celui dont il nous reste trace dans l'histoire de Léa et de Rachel et dans les coutumes familiales des Chinois. C'est l'*enfantement pour autrui*, c'est l'attribution de l'enfant d'une femme à une autre femme, à celle notamment qui tient

---

1. Il y a là une ambiguïté évidente. On nous fait passer sans transition des oncles *maternels* aux oncles *paternels.*

2. Qui nous dit que les frères du père aient jamais eu un devoir particulier de protection envers leurs neveux?

la première sous son étroite dépendance, comme servante ou comme esclave[1]. Je montrerai tout à l'heure que la notion de génération par les femmes a précédé de beaucoup celle de la génération masculine. D'autre part, — point qu'il m'est impossible de développer ici, comme il le faudrait — les sociétés humaines ont débuté, suivant moi, par des groupements qui n'étaient basés ni sur l'autorité violente ou la propriété, ni sur la parenté par le sang, mais sur l'association instinctive, sur une sorte de compagnonnage tribal né d'une force d'attraction. Les adultes seuls se trouvaient ainsi liés les uns aux autres par un nœud strict; le lien social se relâchait ou devenait nul pour les enfants en bas âge, comme pour les vieillards hors d'âge. Il suit de là que les enfants ne se rattachaient qu'aux femmes, que ce fussent leurs mères, leurs nourrices ou les maîtresses de celles-ci. Il en suit encore qu'on ne distinguait pas entre l'enfant qu'une femme avait mis au monde et celui qu'elle nourrissait. Et remarquez que cette organisation rudimentaire ne suppose aucunement une promiscuité, qu'elle s'accorde fort bien avec l'existence de couples même monogames.

A mesure que le principe d'autorité prend le dessus sur le principe d'association libre ou spontanée, la femme doit fournir des enfants, futurs sujets ou auxiliaires, au chef dont elle est l'épouse, chef de tribu, de clan ou de famille. Il semble que ce devoir l'emporte sur tout devoir de fidélité conjugale, qu'il ne trouve de limite que dans la mesure où la jalousie sexuelle l'emporte sur l'intérêt. Les enfants nés d'une épouse, quel que soit leur père (enfants d'une veuve remariée, d'une fiancée, d'une femme adultère ou bigame, etc.) deviennent donc les fils de celui à qui elle appartient, et il en est de même des enfants que doivent procréer au chef, dans son intérêt, soit ses filles, ses servantes ou ses esclaves, soit encore les femmes ou les filles des compagnons auxquels il commande. Ces diverses femmes paraissent enfanter pour le compte de l'épouse principale, laquelle reporte leurs enfants comme les siens propres au chef de famille, sans qu'on se préoccupe de savoir quel en est le véritable procréateur mâle.

Un élément tout nouveau apparaît quand ce procréateur entre en ligne. L'homme qui veut avoir des enfants, qui a besoin d'en avoir,

---

1. Les deux sœurs rivalisent à qui aura le plus d'enfants de Jacob par l'intermédiaire de leurs servantes. Rachel dit à Jacob : « Habes famulam Balan : ingredere ad illam ut pariat super genua mea et habeam ex ea filios » (Genèse xxx, v. 3). Léa, à son tour, fait enfanter Zilpa, sa servante, pour elle, etc.

ne se contente plus d'en demander aux femmes qui dépendent de lui, il remonte en quelque sorte à la source, il cherche le producteur qui engendrera. Il demandera à un hôte, à un voisin, à un compagnon-frère de le remplacer auprès de sa femme [1], il fera de même pour sa fille et il obligera son compagnon à prendre femme pour lui procréer des fils de famille. Nous voyons naître ainsi, d'homme à homme, un devoir de procréation pour compte d'autrui ; devoir volontaire pour l'étranger ou l'hôte, obligatoire pour les hommes placés sous la dépendance du chef de famille ; mais sans qu'il y ait encore aucune importance spéciale attachée à telle ou telle procréation, sans qu'on distingue entre les enfants nés des œuvres de l'un ou des œuvres de l'autre.

On peut, par exemple, ranger ici le mariage *Ambel-Ana* des Malais de Sumatra, qui présente certaines analogies évidentes avec le lévirat. Le mari sort de sa famille d'origine et n'en fonde pas une nouvelle. Ses enfants ne sont ni à lui ni à ses parents, mais à la famille de sa femme dans laquelle sa personnalité disparaît et s'absorbe. Ce n'est pas sa propre race qu'il continue, en procréant, c'est le *toongosa*, la souche familiale de son beau-père, qu'il relève ou édifie [2].

Nous sommes acheminés ainsi vers une phase nouvelle. Elle est caractérisée par la substitution du parent à l'étranger dans

1. Il est difficile de savoir si les coutumes qu'on trouve à ce sujet dans les *Weisthümer* du Moyen âge remontent à une haute antiquité. Grimm le croit. En tout cas, elles reflètent pour nous un état d'esprit voisin par bien des points de celui qu'on a souvent observé chez des sauvages : indifférence au sujet de la paternité physique ; nulle répugnance à partager les faveurs d'une femme avec un ami ou un parent ; égards pour la femme en tant que productrice d'enfants ; intérêt de l'homme et de son chef d'avoir des fils, et dès lors de s'en procurer, au besoin, par les œuvres d'autrui. Voir les *Weisthümer* cités par Grimm dans les *Rechtsallerthümer*, p. 444-445, et que Michelet (*Origines du droit français*) a, en partie, analysées en ces termes : « L'homme qui ne peut suffisamment remplir ses devoirs envers sa femme, doit la mener à son voisin. Si celui-ci y parvient, il doit la reporter chez lui, la poser doucement, et placer devant elle une poule rôtie et un pot de vin. Si celui-ci ne peut la satisfaire, le mari la prend doucement entre ses bras, ayant soin surtout de ne lui faire aucun mal, puis il la porte neuf maisons plus loin, la pose doucement, toujours sans lui faire de mal, et l'y fait attendre cinq heures ; puis il crie : « Aux armes » pour que les gens viennent à son aide. Si on ne peut encore la satisfaire, il la soulève tranquillement et doucement, la pose de même, ne lui faisant aucun mal ; il lui fait alors présent d'une robe neuve, d'une bourse pour frais de voyage et la fait conduire à la grande foire de l'année. Si alors il n'y a pas moyen de la satisfaire, que mille diables la satisfassent ». — Voyez aussi Plutarque, *Lycurgue*, 15, trad. Talbot, I, p. 101 : « Il était permis à un vieillard, mari d'une jeune femme, quand il connaissait quelque garçon honnête et bien fait... de le mener auprès d'elle ; puis lorsqu'elle était fécondée par ce contact généreux, de reconnaître comme à lui l'enfant issu de leur union ».

2. Marsden, *Histoire de Sumatra*, trad. fr., Paris, 1788, II, p. 46-47, 52-53.

l'accomplissement du devoir de procréation. Pour cela il a fallu qu'une notion opposée à celle qui avait cours jusque-là s'instaurât : l'idée que la génération, au lieu d'être principalement l'œuvre de la femme, l'était de l'homme, que, suivant une image qui se trouve chez une foule de peuples et qui a joué un grand rôle dans le développement du culte de Deméter-Cérès, la femme n'est qu'un champ que l'homme ensemence [1], que tout dépend par suite de la semence, seul principe actif, seul élément générateur. Telle semence, tel produi . Sa qualité, sa nature importe désormais au plus haut point. Il ne saurait plus être indifférent que l'enfant soit procréé par celui-ci ou par celui-là; il faut qu'il procède d'une semence de choix. Appliquez ces idées à la descendance d'une plante ou d'un animal, *totem*, puis d'un ancêtre humain divinisé, et vous aboutirez tout naturellement, d'une part à l'*agnation*, à la parenté par les mâles, d'autre part au niyoga des Hindous, à la procréation, non plus par un tiers quelconque, mais par le propagateur d'une semence de même espèce, par un agnat. Cette procréation devient un devoir d'autant plus strict. Elle l'est du vivant du chef de famille, elle peut lui survivre et aboutir au lévirat, une fois que le système de l'agnation et du culte des ancêtres a reçu un suffisant développement.

Il était naturel que les relations de maternité se modelassent à leur tour sur ces idées nouvelles. Du moment que la semence fait tout, l'enfant devient de plus en plus étranger à la mère qui l'a enfanté; il n'est pas rattaché plus étroitement à elle qu'aux autres femmes de son père. Les épouses multiples d'un homme sont des

---

1. Manou IX, 33 : « La femme est considérée par la loi comme le champ et l'homme comme la semence... — 36. Quelle que soit l'espèce de graine que l'on jette dans un champ préparé dans la saison convenable, cette semence se développe en une plante de le même espèce, douée de qualités visibles particulières — 37... la semence, dans sa végétation, ne déploie aucune des propriétés de la matrice. — 38... dans le même champ cultivé, des semences de différentes sortes, semées en temps convenable par les laboureurs, se développent selon leur nature. »

Cette notion est devenue fondamentale chez les Grecs et a contribué à faire de Déméter la déesse du mariage. Euripide, *Phœn.* 18 : « Μὴ σπεῖρε τέκνων ἄλοκα δαιμόνων βίᾳ » — Sophocle, *Antigone*, 567 : « Ἀρώσιμοι... γύαι » — *OEdipe Roi*, v. 1246-1247 : « μητρῴαν.... ἄρουραν τέκνων ».

Diodore de Sicile en montre toute la portée en Égypte. « Les Egyptiens, dit-il, ne réputent aucun enfant illégitime, pas même celui qui a été procréé avec une esclave achetée. Ils croient, en effet, d'une façon générale, que le père est le seul auteur de la génération, la mère se bornant à nourrir et à loger l'enfant : τὸν πατέρα μόνον αἴτιον εἶναι τῆς γενέσεως, τὴν δὲ μητέρα τροφὴν καὶ χώραν παρέχεσθαι τῷ βρέφει. » (Diodore, I, 80.)

Le droit musulman a conservé le même principe (voyez Neval, *Système législatif musulman, Mariage*. Saint-Pétersbourg, 1890, p. 198-199). — « Les femmes sont votre champ », porte le Koran (II, 223).

champs différents, mais, recevant la même semence, leur produit est d'essence identique et l'on s'explique que dans Manou le fils de l'une soit considéré indifféremment comme le fils de l'autre [1].

II. *Fiction ou réalité. — Les notions primitives sur la génération.* — Dans l'évolution que je viens d'esquisser [2], deux points restent obscurs. — Tout d'abord, si la semence de deux parents peut être considérée comme de même espèce, on ne voit pas pourquoi elle serait identique, pourquoi dès lors le fils procréé par le parent serait regardé non seulement comme agnat prenant rang de fils, devenant un fils *fictif*, mais comme le fils *réel* du chef de famille, vivant ou mort. Il ne me paraît pas douteux, en effet, par les considérations générales que j'ai développées plus haut, que la croyance à la paternité réelle a précédé la fiction. Je me bornerai à indiquer, comme preuve spéciale, l'usage, très voisin du lévirat, que Livingstone décrit chez les Bechuanas [3].

Cet usage est double. Quand le fils épouse les veuves de son père, les enfants nouveaux sont réputés ses *frères* (fils de son père, le premier mari). Quand le frère cadet épouse les veuves de son frère aîné, ses enfants sont réputés ses *neveux* (fils du frère mort). Or rien ne justifie ici l'intervention d'une fiction, ni l'intérêt du défunt, ni celui de l'époux vivant, ni celui des enfants. L'intérêt du défunt est nul, puisqu'il a des fils et que c'est l'un d'eux précisément qui est le second mari. L'intérêt du mari actuel est d'avoir des fils et non des frères ou des neveux; l'intérêt des enfants, d'être traités non en frères mais en fils du chef actuel; car nous savons, par Fritsch notamment [4], que le système successoral des Bechuanas est entièrement patriarcal. Il ne reste donc comme motif déterminant que la croyance à la paternité effective du mort, croyance que traduit l'éner-

---

1. Cf. Manou, IX, 183.

2. Je n'ai pas à la suivre plus loin. Elle se continue logiquement et conduit à l'attribution de l'enfant au procréateur. On pourrait comparer à cet égard la coutume romaine (célèbre par l'histoire d'Hortensius et de Caton) dont Strabon signale l'analogue chez les Tapyres voisins des Parthes (XI, 9, I) avec le niyoga grec (*Plutarque, Lycurgue*, 15). Plutarque a été frappé du contraste et il le relève dans le parallèle de Lycurgue et de Numa.

3. « S. according to the system of the Bechuanas, became possessor of his father's wives, and adopted two of them; the children by these women are, howewer, in these cases, thermed brothers. When an elder brother dies, the same thing occurs in respect of his wives; the brother next in age takes them, as among the Jews, and the children that may be born of those women he calls his brother's also. He thus raises up seed to his departed relative ». (*Mission Travels in South Africa*, Londres, 1857, p. 185).

4. Fritsch (G.), *Die Eingeborenen Süd-Afrika's*, Breslau, 1872, p. 194, Cbn., p. 92.

gique expression de Livingstone : « Il suscite une postérité à son parent mort. *He thus raises up seed to his departed relative* ».

Mais, direz-vous, cette croyance est absurde. Il se peut, à s'en tenir à nos idées courantes. L'est-elle si l'on se met dans l'état d'esprit des sauvages, et si l'on fait entrer en ligne de compte les circonstances extérieures qui ont pu lui servir de base? L'est-elle même si on la juge du point de vue nouveau auquel les théories les plus récentes des sciences biologiques permettent de se placer? Voilà ce que nous avons à nous demander.

Le second point obscur à élucider concerne la position faite à l'enfant de la fille *désignée* ou *héritière*, le θυγατριδοῦς des Grecs, le fils de l'épiclère, assimilé à un agnat. N'y a-t-il pas là une contradiction flagrante? Le fils, le fils du fils, le fils du parent par les mâles, sont des produits d'une semence de même espèce, le fils de la fille est au contraire le fruit d'une semence exotique ou hétérogène. Il est donc incompréhensible qu'une place, et une place considérable, lui soit accordée dans ce système de parenté par le sang. Une seule explication s'offre à nous, c'est de voir dans la condition exceptionnelle du fils de la fille une survivance de l'époque antérieure où prévalait la descendance par les femmes. Mais est-il certain que la fille fût alors rattachée au père et, si elle l'était, comment et à quel titre l'était-elle? La solution de ce problème, étranger, en apparence, au lévirat, va nous mettre sur les traces de son prototype historique.

Si extraordinaire que cela puisse paraître, je suis persuadé que les primitifs n'avaient aucune notion de la génération masculine, toute base expérimentale leur faisant défaut pour établir une relation certaine de cause à effet entre le rapprochement sexuel et l'enfantement. Seule la génération par les femmes était un fait d'évidence et c'est à elle que pendant de longs âges on a dû s'en tenir. L'amour maternel s'y accordait; comme aussi l'indifférence du mâle pour la progéniture. Dans une des plus antiques théogonies, la théogonie égyptienne, Isis précède Osiris et conçoit sans mari ni amant [1]. Dans les croyances naturalistes des sauvages ou des peuples anciens, la matrice est un animal vivant [2] qui se propage tout seul par l'enfantement.

---

1. Maspero, *Etudes de mythologie et d'archéologie égyptiennes*, II, p. 254-255, p. 359 à 362. Les *Origines*, Egypte et Chaldée, Paris, 1895, p. 131.
2. Ploss, *Das Weib in der Natur und Völkerkunde*, Leipzig, 1891.

Ce n'est donc que progressivement que la fonction de l'homme dans la procréation des enfants a été reconnue (sauf à être exagérée ensuite) et tout porte même à croire que l'intelligence n'en a été acquise qu'à travers de multiples et sinueux tâtonnements. Quand on considère, en effet, le rôle capital que le souffle joue chez les primitifs et l'universalité, dans la race humaine, de la croyance qui le confond avec l'âme, on est conduit à la pensée que l'insufflation a dû apparaître comme une des premières formes de participation efficace de l'homme à l'acte de la génération, que jusque là la femme était censée accomplir seule. Le souffle transmettait la vie, une partie de l'âme de l'homme passait dans le corps de la femme et pénétrait ainsi dans le corps de l'enfant. Ici encore, les plus vieux mythes, qui nous représentent les premiers hommes sous la figure de dieux, viennent nous apporter leur témoignage concordant. Cicéron remarque, en citant la légende de Cœlus ou Uranus, mutilé par son fils Saturne, que l'éther fut d'abord le principe de la génération, que c'était par lui qu'un être nouveau était créé, et que la mutilation de l'organe viril était le symbole de son inutilité fécondatrice [1]. Plutarque, dans ses Propos de table, nous parle en termes analogues de la procréation des Dieux, engendrés non par semence, mais par une effluve immatérielle [2]. Il rappelle que, suivant une croyance fort répandue [3], et que nous retrouvons en effet dans Pline, dans Varron, dans Columelle et beaucoup d'autres, la génération des animaux était l'œuvre du vent [4].

Si la communication du souffle de vie s'opérait du père à l'enfant par l'intermédiaire de la mère, il n'est pas difficile de voir que la fille pouvait, à son tour, transmettre plus directement que le fils à ses propres enfants le souffle initial qu'elle portait dans son sein, et que ce souffle pouvait être comme revivifié et renforcé par le mélange des haleines qui est, chez une foule de sauvages, la forme du baiser. Nous aurions ainsi dans sa manifestation primitive, la *désignation* de la fille, chargée de donner des fils à son père, de cette

---

1. « Physica ratio non inelegans inclusa est in impias fabulas. Cœlestem enim,... aethereamque naturam... quæ per se omnia gigneret vacare voluerunt ea parte corporis, quæ conjunctione alterius egeret ad procreandum. » (Cicéron, *De natura deorum*, II, 24.)

2. Plutarque, *Propos de table*, VIII, I.

3. Plutarque cite des vers archaïques qu'Amyot traduit naïvement :

> Car le vent mesme, en passant, de ses ailes
> Va remplissant des oiseaux les femelles
> Avant leur temps préfix à engendrer.

4. Pline, *Hist. nat.*, VIII, 77, etc.

fille que Manou encore caractérise ainsi : « Elle ne fait qu'une même âme avec lui »[1]. Comme toujours, les faits matériels devaient apporter leur contingent de force et d'appui à cette institution. Je citerai surtout la ressemblance, qui, chez les sauvages, a agi dans un si grand nombre de directions. Il paraît avéré aujourd'hui que la fille tient plus souvent du père et le fils de la mère : le petit-fils pouvait donc ressembler, en beaucoup de cas, au grand-père maternel et ratifier ainsi l'attribution *filii loco*.

Une fois que les idées sur la génération se furent modifiées et que, dépassant même le but, la fonction du mâle fut regardée comme seule créatrice, la circonstance dont je viens de parler, puis les liens particuliers d'affection entre le père et la fille, enfin l'antiquité de la *désignation* en assurèrent la survie. Mais il ne faut pas oublier qu'elle se trouvait désormais en contradiction ouverte avec le système de parenté par les mâles, et qu'ainsi elle ne pouvait se maintenir qu'en sous-ordre, comme un moyen de suppléer à la procréation par le père d'un fils qui lui succéderait. Ce n'est pas tout. L'intérêt même de cette succession, en connexité étroite avec une institution fondamentale, la communauté de famille, n'était pleinement sauvegardé et satisfait que par l'existence d'un successeur direct, né de la semence paternelle. Nous voici transporté au cœur même du lévirat.

III. *L'origine du lévirat. — La télégonie.* — Dés frères vivent ensemble, constituent une maisonnée. Elle porte le nom de l'ancien, de l'aîné, du chef ; elle forme un tout, une unité politique ou sociale, un clan ou une communauté de famille. Quand le chef meurt, les frères puînés ont, à raison même de leur sujétion et de leur affiliation, le devoir de la maintenir, de la faire durer sous son même nom, comme une entité. Il faut, d'une part, qu'ils continuent à vivre ensemble, comme si le chef vivait encore, et d'autre part qu'après eux une génération nouvelle continue de même, une génération en laquelle le chef revive. Or, comment pouvait-il revivre s'il ne laissait pas de fils et si le fils de sa fille suivait régulièrement sa mère dans une maison étrangère avec laquelle l'identifiait la semence paternelle ? Le moyen s'offrait de lui-même à des esprits superstitieux. L'âme du mort passait dans le corps du frère puîné, il s'insufflait en lui comme jadis dans la fille désignée, et par l'intermédiaire de la semence de ce frère (qui, ne l'oublions pas, était de

1. Manou, IX, 130.

même essence) revivait dans un enfant posthume. Le chef nouveau était donc le vrai *continuateur* de la personne du chef mort, dont l'âme habitait en lui jusqu'à ce qu'elle se fût réincarnée dans un fils.

De telles réincarnations sont fréquentes chez les sauvages, et je pourrais citer, par exemple, les curieuses pratiques par lesquelles, chez les Takuns de la péninsule malaise, l'esprit du père mort se réincarne dans le fils[1]. Mais nous avons plus, nous avons des preuves directes de cette étrange résurrection du mari mort dans le fils du lévir. Une des plus frappantes nous est offerte par les Indiens Takhalis de l'Amérique du Nord. A la mort du chef de famille, un magicien lui touche la poitrine de ses deux mains jointes dans lesquelles il recueille son esprit, puis, approchant les mains de la tête d'un proche parent, il y fait pénétrer par le souffle l'esprit qu'il tient enclos. L'âme du mort revit de la sorte dans son parent, et elle passe de là dans le corps de l'enfant qui naîtra de ses œuvres, et qui prendra le nom et la place du défunt[2].

Dans l'archipel malais nous rencontrons les mêmes croyances peut-être plus saisissantes encore. Quand meurt un chef de l'île Nias, c'est un de ses fils (soit l'aîné soit celui qu'il choisit à sa place) qui régulièrement lui succède, mais il faut pour cela que l'héritier désigné recueille dans sa poitrine le dernier souffle du mort. Qu'un étranger le recueille, lui aussi il sera chef. Aussi les compétiteurs se pressent-ils autour de l'agonisant. Ils rivalisent d'agilité ou d'adresse et on les a vus percer le plancher sur lequel le moribond reposait, la face contre le sol, pour, à l'aide d'un tube de bambou, humer le dernier soupir du chef[3].

Le point de départ du lévirat me semble trouvé et je m'en assure davantage quand j'observe les cérémonies funèbres de l'Inde, où l'esprit du mort est invité à donner *postérité* à sa veuve qui se couche à côté de son cadavre. Son beau-frère ensuite la relève et se déclare son époux[4].

1. Cf. Favre, *An account of the wild Tribes inhabit the Malayan Peninsula*, Paris, 1865, p. 91 et suiv.

2. « Bei den Takhali weiss der Zaberer eine directe Transfusion der Seelen zu bewirken : er hält dem Sterbenden oder Todten die Hände auf die Brust, legt sie dann auf den Kopf eines Verwandten desselben und bläst hindurch ; das Kind welches dem letzteren zunächst geboren wird, hat dann die Seele des Verstorbenen in sich und nimmt den Rang und Namen desselben an. » (Morse, *Report to the Secretary of war on Indian affairs*, New Haven, 1822, analysé par Waitz, *Anthropologie der Naturvölker*, III, p. 195).

3. Rosenberg *Der Malayische Archipel*, I, *Sumatra*, Leipzig, 1878, p. 160.

4. Caland, *Die Altindischen Todtengebräuche*, Amsterdam, 1896, § 91. Durkheim, *L'année sociologique*, Paris, 1898, p. 203.

Ainsi compris, le lévirat rentre dans le large système de recrutement primitif du clan, l'agrégation par voie de *substitution*, si générale chez les peuples indiens de l'Amérique du Nord[1], qui fait qu'un étranger, fréquemment même un prisonnier de guerre, est substitué au membre défunt du clan, devient à sa place, père, frère, mari, — le *ressuscite*, nous dit Lafiteau[2]. En effet, dans l'organisation initiale du clan (celle du clan maternel) à laquelle cette *substitution* correspond, le mari est agrégé au clan de la femme; le frère (maternel) du mort ne peut donc épouser la veuve qu'en se substituant à lui dans le clan de celle-ci.

De ce grand réservoir commun le lévirat a dû sortir, se détacher, pour former une institution distincte, sous l'action de circonstances consécutives, dont voici les principales :

I. *Sous le régime du clan maternel*, l'obligation de vengeance du frère mort par le frère (maternel) survivant, et le droit qui en découle d'épouser la veuve et d'être ainsi *substitué* au mari mort, droit que l'intérêt du clan de la femme tend déjà à transformer en devoir[3];

II. *Sous le régime du clan paternel*, où commence seulement à apparaître le groupement des frères sous un seul chef :

1° l'obligation de continuer ce groupement en prenant la place du chef, obligation qui absorbe celle de le venger, et fait passer au premier plan le devoir d'épouser, même quand le chef mort était le père, mais surtout quand il était le frère;

2° l'importance croissante attachée à l'unité de semence et l'énergie

1. M. Kohler qui l'appelle *substitutorische Adoption* (Z. *f. vergl. Rechtsw.*, XII, p. 390) n'a pas remarqué ses rapports avec le lévirat.

2. *Mœurs des Sauvages Ameriquains*, Paris 1724, II, p. 249.

3. Quand le mari meurt, le clan de sa femme, dont il est membre ou chef, a besoin de le faire revivre, de lui trouver un substitut aussi vaillant et aussi actif. Qui recherchera-t-on? à qui donnera-t-on la préférence? Une indication très précieuse nous est fournie par les relations concernant certaines tribus du Missouri (Kohler, *loc. cit.*, p. 391), c'est l'usage que si le mari a été tué, la femme épouse celui qui l'a vengé. Et rien n'est plus naturel, plus logique et plus juste. Ce vengeur n'a-t-il pas prouvé qu'il avait toutes les qualités requises de force, de bravoure et de ruse, puisqu'il l'a emporté sur celui-là même qui avait vaincu le mari défunt? Et la veuve lui revient de droit à raison du service qu'il lui a rendu en l'acquittant du devoir de vengeance qui lui incombait à elle-même. Si vous remarquez alors que ce même devoir existe au premier chef pour les frères (maternels) du mari, ne voyez-vous pas à quelles conséquences non moins logiques vous aboutissez. Celui qui doit venger est le frère du défunt; on épouse celui qui venge ; donc le beau-frère a finalement le droit et le devoir d'épouser. Un passage de Thevet, cité par Lafiteau (III, p. 150), trouve sa place ici : « Quant aux dites femmes veuves, elles ne se remarient point, si ce n'est aux frères et plus proches parents de leur défunt mari, lesquels auparavant faut qu'ils vengent la mort dudit défunt, s'il a été pris et mangé de l'ennemi. »

sans cesse renouvelée qu'a puisée l'idée superstitieuse de la réincarnation dans une double source de phénomènes physiologiques.

La première est la durée de la gestation. Les primitifs ou ceux que nous appelons ainsi ne pouvaient avoir à cet égard que des notions confuses et flottantes, soit à raison de leur mode imprécis et sommaire de computation du temps, soit par suite des variations fort grandes que la gestation présente et dont la science moderne elle-même n'est pas en mesure encore de fixer les limites exactes. L'obscurité s'épaississait par la circonstance que la veuve se remariait sans intervalle de viduité. Dans de telles conditions, rien ne s'opposait à ce que le premier enfant fût attribué au mari défunt, quel que fût le temps écoulé depuis sa mort. Ne retrouvons-nous pas, de nos jours encore, cet état d'esprit chez des peuples qui ont conservé de très vieilles croyances, chez les Kabyles, par exemple ? Voici ce que MM. Hanoteau et Letourneux nous apprennent [1] :

« Si la femme (veuve) se croit enceinte, elle place sa ceinture sur le corps du mari et déclare que l'enfant qu'elle porte dans son sein appartient au défunt. Cette déclaration suspend l'ouverture de la succession.

« Au bout de onze mois, elle est visitée par des matrones qui lui font prendre des emménagogues.

« Si cette médication n'amène pas la délivrance, l'enfant est réputé *endormi*, en kabyle it't'ès, pendant un temps qui chez les Kabyles est ILLIMITÉ.

« Cette étrange théorie de l'enfant endormi est évidemment une tradition superstitieuse de la plus haute antiquité. Les docteurs musulmans ont essayé de restreindre les abus en fixant à cinq ans et même à quatre ans le terme de cette gestation extraordinaire, mais la croyance populaire n'en reste pas moins debout, malgré notre contact. »

Ainsi l'enfant du mari mort est *endormi* [2] et s'il ne peut se réveiller tout seul, s'il a besoin d'être suscité, éveillé par un parent de son père, nous avons l'explication du rôle du levir. Qu'aujourd'hui chez les Kabyles la veuve enceinte ne puisse se remarier, cela tient manifestement à l'article du Koran qui a imposé à la veuve un délai d'ex-

1. *La Kabylie et les coutumes kabyles*, Paris, 1873, t. II, p. 174-5.
2. Les diverses sectes musulmanes croient de même à l'existence de ce qu'elles appellent un *germe dormant*, et en conséquence admettent une longue gestation. Les Hanafites l'étendent à deux ans, les Schaféites à quatre ans, les Malekites à cinq ans (voir quant à ces derniers Sidi Khalil, *Précis de jurisp. musulmane*, trad. Perron, III, p. 70).

pectation; mais que leurs ancêtres reculés pratiquassent le lévirat, le levir faisait office d'emménagogue.

C'étaient, en effet, des faits d'expérience que la veuve n'avait d'ordinaire d'enfants que si elle s'unissait à un autre homme (les posthumes étant rares) et puis que ces enfants *tenaient* du mari mort. Nous touchons là au second ordre de coïncidences que j'ai annoncées.

Sur ce point, infiniment curieux pour nous, les recherches contemporaines de la biologie me paraissent éclairer le lévirat d'un jour tout nouveau, elles l'encadrent, si je puis dire, dans la *télégonie*.

Qu'est-ce que la télégonie? Dans un excellent article que M. Henry de Varigny lui a consacré [1], et auquel je vais faire plusieurs emprunts, je la trouve très heureusement définie : « une forme d'hérédité particulière qui consiste en ceci qu'une mère peut transmettre à la progéniture d'un second lit des caractères appartenant au père de la progéniture d'un premier lit ». Cette télégonie a été jusqu'ici surtout observée chez les animaux, et les éleveurs la regardent comme une vérité irréfragable. D'une griffonne, par exemple, accouplée d'abord avec un braque, naissent, si on lui donne un griffon pur pour second époux, des chiots mi-griffons, mi-braques, et des braques véritables.

Il s'est produit, nous dit-on, une *fécondation anticipée et incomplète*; une partie du *germen* du premier père s'est incorporée à l'organisme maternel, l'a *imprégné* ou *saturé*. Le second époux achèvera l'œuvre et suscitera le germe déposé par le premier.

Pour l'homme, la question est moins avancée que pour les animaux, mais des faits saisissants ont été relevés et du reste ce qui nous importe ici, c'est moins l'interprétation scientifique de ces faits que la croyance qu'ils ont pu provoquer ou confirmer dans l'esprit du sauvage. Je m'explique. Si un petit type cosaque a fait irruption dans une famille française pendant le séjour des alliés en 1814, et si ce même type s'est reproduit en plusieurs autres enfants, longtemps après le départ du premier auteur responsable, des ressemblances tout aussi frappantes ont pu se produire de tout temps entre le fils d'un second lit et le mari d'un premier. De telles ressemblances ont dû d'autant plus convaincre de la paternité effective du mari

1. *Journal des Débats*, 9 septembre 1897. — M. de Varigny veut bien m'apprendre que le problème de la télégonie ne s'est pas modifié sensiblement depuis cette date.

mort [1] qu'on leur attribuait plus d'importance [2] et d'autre part que l'observation du monde animal fournissait des analogies plus probantes. Ainsi les Arabes croient, comme un article de foi, qu'une jument après une première union avec un âne, ne pourra plus donner, même avec un étalon de race pure, que des produits hybrides, et une expérience récente d'un professeur d'Édimbourg, M. Cossar Ewart, a montré, en effet, une jument mariée d'abord à un zèbre de Burchell, puis à un cheval arabe de race, mettant au monde, des œuvres de ce dernier, un poulain zébré comme le premier mari. La théorie du germe dormant s'éclaire vivement ainsi dans le pays même où elle a poussé les racines les plus profondes.

En résumé, le lévirat est sorti, suivant moi, de l'enlacement et de l'intime union de deux idées fondamentales, la survie nécessaire d'une souche familiale et la réincarnation du chef mort. Il s'est constitué, maintenu et développé sur la double base des traditions et des faits. Les traditions : en premier lieu la réviviscence dans le fils de la fille désignée; plus tard, en harmonie avec les idées nouvelles sur la génération et l'unité de semence, le niyoga combiné avec la transmission du souffle. Les faits : la longue gestation et la télégonie.

Que si nous retournons au texte hébraïque d'où nous sommes partis comme d'un type, nous nous trouvons évidemment en présence du lévirat d'une époque où les considérations politiques, la nécessité de conserver l'unité du patrimoine familial, ont passé au premier plan et où la parenté purement civile est formée. Néanmoins, il me semble que dans l'expression capitale du texte, nous avons un écho très distinct des temps les plus reculés. Comment, en effet, est caractérisé le rôle du levir? Non seulement comme un acte civil, mais surtout comme un acte physiologique, un acte ayant un sens technique ou hiératique. Il ne doit pas se contenter d'épouser (ce qui emporte déjà de soi la cohabitation), il doit, suivant la traduction de la Vulgate, *susciter la semence* du mort, il doit *faire le beau-frère* [3] suivant la traduction littérale, et, en conformité

---

1. Et qu'on ne dise pas que la télégonie suppose nécessairement une première génération. C'est un point qui reste très douteux. Il ne faut pas non plus perdre de vue les cas fort fréquents où les enfants conçus ne sont pas nés ou n'ont pas survécu.

2. Voyez ce qu'Hérodote raconte des Auses, chez lesquels la paternité se détermine par la ressemblance (IV, 180).

3. Le déchaussement du levir récalcitrant pourrait être rattaché à cette fonction physiologique si l'on admet avec Bachofen que la chaussure dans les anciens mythes était le symbole de la puissance génératrice de la femme, passée

des traditions primitives, la procréation de l'enfant premier-né est attribuée au mort.

Ma conclusion finale sera celle-ci.

Le lévirat reposait, en son principe, sur la croyance à une paternité *réelle* du premier mari et ne dégénéra que plus tard en une fiction juridique qui donna le change sur sa lointaine et complexe origine. Cette origine ne peut s'isoler de la trame de sentiments et d'idées rudimentaires d'où procède l'organisme familial. Reconstituer cette trame est un des plus graves problèmes qui se pose devant l'historien des institutions sociales et la présente étude aura atteint son but si elle contribue à sa solution.

plus tard à l'homme (Bachofen, *Mutterrecht*, p. 116-117, etc). Il serait intéressant de rechercher à ce point de vue dans les usages juifs quel pied était déchaussé, le pied gauche? le droit? tous deux? Le pied gauche, suivant Bachofen, représentait l'élément masculin (*ibid.*, p. 159). — En tout cas il est remarquable que la chaussure a tenu une grande place dans les coutumes matrimoniales de beaucoup de pays. Chez les Slaves notamment et en Arménie, la nouvelle mariée déchausse son époux. (Théodore Volkov, *Rites et usages nuptiaux en Ukraine*, Revue l'*Anthropologie*, 1891, II, p. 575-576) (est-ce pour montrer que sa puissance génératrice désormais lui appartient, lui est réservée?) Chez les Francs, au témoignage de Grégoire de Tours, *Liber vitæ Patrum*, XVI, i, XX, i) l'envoi de souliers à une femme servait à conclure les fiançailles.

J'ai quelque doute, du reste, que l'usage hébreu relaté dans le Livre de Ruth (IV, 7) trouvât son application directe ici. Il constitue une investiture, une transmission volontaire de droit. Or dans le déchaussement du lévirat, c'est la veuve qui déchausse son beau-frère; ce n'est pas celui-ci qui se déchausse. Il faudrait donc dire qu'elle le dépouille de son droit, alors que c'est la violation de son devoir qu'elle proclame *urbi et orbi*, en lui crachant au visage et en emportant, peut-être, comme une marque éternelle d'infamie, l'emblème du devoir que son beau-frère a refusé de remplir.